Gedichte

Mein Fleisch brennt
und sehnt sich nach Dir
An Deiner Glut
will es sich noch einmal entzünden
und die Mauern niederbrennen
um eins zu werden mit Dir
Mit Dir
die ich liebe

Ω

Manchmal fühlte er
wie ihn etwas berührte
und er erinnerte sich
an Monde über schwarzen Wäldern
an einen schweren Kopf
in seinem Arm
und
an den Geruch
von schlafendem Haar
die Körper erschöpft
während die Seelen
zusammen
spazieren gingen

Du hast Deine Seele
in meine Hände gelegt
hast mir vertraut
für Augenblicke
Die Last des Alltags verflog
und Stille
ganz nah
und Einsamkeit
und über den Giebeln der Dächer
der Mond
sein Licht
ganz warm
während Wolken
die Leere
sanft
mit Hoffnung füllten

Ganz einfach
sagst Du
Sonne Wind Regen
Bäume wachsen....
zu wenig Licht....
auseinander
so einfach
das gleiche Stückchen Erde eben
und Flucht
unmöglich

Ω

Die Einen haben das Sein
glaubst Du
wie eine Ware
über die Theke
Du kaufst
und meinst
jetzt das Sein zu haben
aber
Du hast nur
das Haben bekommen

Den Kopf so prall
mit falschen Vorstellungen
und Wünschen
Gefühle ausgenutzt
ganz kalt
Versprechungen
leer und hohl
wie Steine
erschlagen die Seele
die nach Liebe ruft

Ω

Mit wenigen Strichen
hast Du es verstanden
Kind
den Himmel, den Mond
und die Sterne zu zeichnen
Ein Blatt Papier
mit Liebe und Unendlichkeit
zu füllen
zu träumen und zu begreifen
mit wenigen Strichen

Der Morgen
hatte uns den Mantel entrissen
nicht nur der Morgen
ich weiß
Schutzlos und hart
durch kahle Straßen
hoffnungslos
und die Schritte verhallen
Kaum dass Du meine Hand ergriffst
Dein Lachen bitter
Meine Worte zuviel
Komm-
lass uns
zusammen
reden und lachen
und uns berühren
lass uns
den Mantel wieder suchen
der uns so wärmte
und von dem noch
jeder
ein Stück
in seinem Herzen trägt

Du hast mir
Deine Hand gegeben
Vertrauend Dich
an meine Schulter gelehnt
Aus unserer Haut
den Mantel
gegen Finsternis
und Einsamkeit gemacht
Du hast mir
Deine Hand gegeben

Ω

In Deinen Augen
ist Ruhe und Hast zugleich
Aufbruch und Friede
Suchen und Finden
Angst und Freude
Hoffnung und Schmerz
Das alles
liegt so nah beisammen
in Deinen Augen

Nirgends ein Platz
wo das Auge ruhen
die Seele verweilen kann
Nirgends Erkennen
kein Halt
Abgleiten und Fall
Sturz auf sich selbst
und zerbrechen
wo sich hinter
dem Spiegel
nichts verbirgt

Du hast mich gefragt
wo meine Träume sind
von damals -
Schließe die Augen
und schau
dorthin
wo die Sonne steht
so rot
und voll
und still
Dorthin
wo sich Himmel und Erde
berühren
Dorthin
wo die Ewigkeit
nichts verliert
und nichts gewinnt
Dorthin
wo meine Träume sind - von damals

Wölfe
in den Wäldern
der Angst
nachtschwarz
heulen zum Mond
so groß
so kalt
so fern
in den Ebenen
der Einsamkeit

Ω

Wenn er ehrlich war
dann tat er ein bisschen
zu viel
nur
damit
seine Beerdigung
kein Reinfall
wurde

Zwei Vögel
nur so -
die leben im Heute
und wissen nichts
von gestern und morgen
Sie atmen und singen
und fliegen – ganz hoch
und die Sonne
gießt den goldenen Kelch
auf ihr Gefieder
Zwei Vögel
nur so

Ω

Er legte das Buch zur Seite
und dachte
Gott sei Dank
und
nie wieder Krieg
aber auch bei ihm
lag ein Stahlhelm
auf dem Schrank

Sie hatte es satt
an die Märchen vom bösen
alten Wolf zu glauben
Und als er kam
sah sie lachend
wie die Menschen
vor Angst in ihre Häuser liefen
Freundlich ging sie auf ihn zu
und das verdutzte Tier
ließ sich sogar
einmal streicheln
bevor
es sie fraß

Ω

Es ist nur für einen Tag
und doch
fehlte mir morgens
ihr vergnügtes Brabbeln
ihre leuchtenden Kinderaugen
ihre Geschichten die sie erzählten
wenn sie abends
zu Bett gingen
Es ist nur für einen Tag

Ich schrieb Deinen Namen
aber das Meer kam
und wischte ihn aus
Frischer klarer Wind
Glitzerfunken die auf Wellen tanzten
weiße Hände die ans Ufer greifen
Ich schrieb noch einmal
und dieses mal
blieb er stehen
auf klarem Grund
Einmal Zweimal
bis das Meer
ihn zu sich nahm

Wir haben uns hinab gewagt
in Blumen, Erde, Stein
Die Geisterwelt war viel zu dunkel
uns dürstet nach der Sonne Schein

Wir haben uns hinab gewagt
um endlich zu erfahren
was luftig leicht und unbeschwert
doch nur Gedanken waren

Wir haben uns hinab gewagt
die Form mit Leben zu erfüllen
um endlich endlich bloßen Geist
mit Leben, Lust und Leid zu füllen

Früher
als die Welt noch ein Geheimnis war
das Blau des Himmels
gespiegeltes Meer
im feuchten Nebel Elfen tanzten
und Wölfe im Schrank
sich mit Löwen verschanzten
da wurde das Leben mit jedem Tag mehr

Schlafengel die unsere Träume
bewachten
und Zahnfeen die schöne Sachen
brachten
am Morgen auf Kissen ein Edelstein
so war die Welt und ich war klein

Später kamen Helden dazu
Herkules Achilles die goldene Kuh
Unbesiegt wie Parzifal
Und ich auf dem Weg zum heiligen Gral

Und etwas später kam die
Pflicht
wir weinten sehr
und wollten nicht
Das Meer im Sommer

die Elfen verschwanden
die Märchen
kamen uns abhanden
Die Schrecken verloren
das Löwengesicht
wie die Angst nun hieß
das wussten wir nicht

Die Welt war plötzlich
kalt und   leer
Ich war groß
und auch erwachsen
doch gab es
keine
Träume
mehr

Ihr wolltet es so
hauchzart
luftdünn
und voll Sehnsucht
sorgenfrei

Ihr habt es getan
der Fall begann
von unendlicher Höhe
in maßlose Tiefen

Das Licht geboren
den Schmerz
die Freude
Bewusstsein
und Gott verloren
Ihr wolltet es so

Vergänglichkeit
geahnt
bedacht
immer wieder
die gleichen Dinge tun
im Sagen Denken und Erzählen

Als sei ein Anderer es gewesen
wider das Vergessen, Vergehen
und immer wieder Rücksturz
auf sich selbst
Allein
nur Rauch mein Freund
nur Rauch

Die Götter
Luftgestalten
Wassergeister
Feuerwesen
aus den Tiefen der Erde
Geist und Erde
doch der Fall ist tief
Habt ihr vergessen Töchter, Söhne
was ihr seid?
Bedeutet nicht Gestalt
Vergessen?
Zieht nicht die Erde euch so tief?
Und doch:
der Steine Wärme
Glück der Bäume
Lebensfreude, Triebe, Geist
Ich bin ein Ich
und trete selbst mir gegenüber

Als ich die Sonnencreme
mit dem Kokosgeschmack
zum ersten Mal
aus dem Schrank nahm
dieses Jahr
sah ich wieder
Deine Augen
hörte das Meer wieder rauschen
und die Gewitter
am fernen Horizont
Das Schilf ächzte im Wind
und der Sand war überall
Ich atmete den Geruch
noch einmal ein
und stellte die Creme dann
in den Schrank zurück

Kindergeschrei und Stimmen
haben die toten Gänge
plötzlich zum Leben erweckt
Freudiges Brabbeln und Kreischen
brach sich an der geplättelten Leere
der steinernen Gräber
Unwillig hoben die Toten
ihre Köpfe
und beklagten sich
Doch selbst
als sich die Türen
wieder geschlossen hatten
blieb noch ein Hauch von Leben
in den kalten Gängen zurück

Drei Tode
bin ich mit Dir
unter demselben Dach gestorben
Drei mal
zu neuem Leben
am Morgen
erwacht
Drei mal
warst Du ein Teil der Wolken
die über meinen Himmel zogen
Drei mal
die Sonne die meine Blätter beschien
Drei Ringe
in meinem Stamm
die erzählen
dass Bäume
vielleicht -
auch nur
verzauberte
Menschen sind

Öffne die Tür
verlasse den Raum Deiner Schmerzen
so vertraut sie Dir auch sein mögen
Kehr nicht wieder um
Du weißt
dass alle Wege
Dich immer wieder
hierher führen werden
Öffne die Tür
die bösen Geister der Furcht
verschwinden nur
wenn Du sie anschaust
Öffne die Tür hab keine Angst
so schrecklich sie auch aussehen mögen
Öffne die Tür
hinter der all die Gefühle
jenseits des Leides wohnen
die Du so gerne leben würdest
Nur Du hast den Schlüssel
in Deiner Hand
Öffne die Tür
das Leben ist zu kurz
das Leid
selbst wenn Du es kennst
und damit
umzugehen vermagst
tötet
Kehr nicht wieder um
Du weißt

dass alle Wege
Dich doch immer wieder
hierher führen werden
Öffne die Tür
Öffne die Tür!

Ω

Nachts
wenn Hexen
das Sternentuch ausbreiten
und es dunkel wird
wenn die Traummaschinen schweigen
und ein Funken Leben durchbricht
bei den Toten
schreien die Herzen
bis der Schlaf kommt
und sie erlöst
- für eine Weile

Manchmal
passiert es
dass man einen Menschen trifft
dessen Worte
wie ein Sturm an uns zerren
dessen Augen
wie ein Sonnenuntergang
gleißend
und kupferrot
in unseren Herzen tanzen
und dessen Nähe
wie ein kühler Abendwind am Strand
erfrischend und belebend ist
- manchmal

Ω

Wie ein zartes Pflänzchen
im sauren Regen
nimmst Du Dich aus
Und es tut mir leid
dass die Sonne Dich dörren
die Kälte Dich frieren
und der Wind
Dich zerreißen wird

Ich habe die Zeit
und die Menschen vergessen
in Deinen Augen
und habe mich ausgeruht
in Deinen Händen
Ich habe mit Dir
die Einsamkeit geteilt
für ein paar Stunden
und doch sind wir
verschiedene Wege gegangen
jene Nacht

Tausend Augen
starren mich an
doch sie sind blind
Augen
tausendfach
in den Fernsehschirmen
den Computern den Handys
den Kneipen
Augen tausendfach
und tot
Fenster in die Leere
die sich
mit Betriebsamkeit
und bunten Bildern tarnt
tausend Augen
tausend Augen
und mich friert

Es gibt 5 %
die haben das Geld
Dann
90 % Ameisen
die es beschaffen
und 5 %
die wissen
wie man lebt
aber die
kriegen wir
auch noch weg!

Ω

Die Tage fliegen leicht
wie kleine Vögel
und die Nächte kurz
nur einen Augenblick
bis ich Dich
wiedersehe

Ich erinnere mich
wie wir
als Kinder
Maikäfer
in eine Streichholzschachtel sperrten
und elendiglich
verrecken ließen
Dasselbe
machen sie
in den Städten
mit vielen
von uns

Weißt Du
ich glaube
wir sind
wie zwei verlorene Kinder
die nur sich
und doch nicht einmal
sich selbst haben
Hand in Hand
durchqueren wir die Wüste
verfolgt von bösen Scharlatanen
die uns Streiche spielen
uns schlagen uns treten
uns erniedrigen
Aber sie schmerzen nicht so
die Schläge
sie wiegen nicht so schwer die
Erniedrigungen
die Sonne brennt
längst nicht so heiß
auf dem Weg ins Ungewisse
so lange ich Deine Hand
in der meinen spüre
so lange
Du
da bist

Ein Weg ins ungewisse Weite
schaukelnde Vögel
die im Nebel verschwinden
und Bäume
die angedeutet verharren
Die alten Wege
endlich verlassen
und drüben brennt die Sonne
orange hinter den Bergen
und Singen und Luft
damit die Herzen
endlich
das Fliegen lernen

Nur ein paar Schritte
und blauer Himmel
angefüllt mit Frühlingsduft
und lauem Wind
Taubnesseln mit lila Blüten
und Brennnesseln
und Birken
selbst ein Kanal ist da
Ameisen die fleißig krabbeln
Gräser grün
und Schmetterlinge tanzen
Ich denke dass es grausam ist
selbst Schwerverbrechern
all dies
für Jahre zu entziehen
und gehe
in mein Büro zurück
Wofür
wurde ich eigentlich
verurteilt?

Wenn Du allein
und doch nicht allein bist
wenn Flammen vergangener Korridore
Dein Herz erfüllen
und Du Angst vor Dir selbst hast
dann überfliegt Satan
den Höllenfluss

Ω

Es war nur ein Traum
und doch
es waren die alten Plätze
die vertrauten Gassen
es waren Du und ich
es war nur ein Traum

Niemand merkte
dass nach dem Krieg
eine Uhr zu ticken begann
Vier vor zwölf
tickte sie
aber niemand
wollte sie hören
Vier vor zwölf
und sie lachten
weil ja kein Krieg mehr war
und weil es keine Armeen und keine
Soldaten
mehr gab
Drei vor zwölf
und die es wissen mussten schwiegen
schwiegen wieder einmal und seufzten
schwiegen und seufzten
und in ihren Köpfen
brüllten die Kanonen
zerrissen Bomben die Erde
die Nacht taghell erleuchtet
von Phosphor und Geschrei
Und zwei vor zwölf
Es gab Soldaten
und Minister
die von Freund und Feind
von gut und böse
von Selbstverteidigung
und Abschreckung
sprachen
Und die, die es wissen mussten

schwiegen
schwiegen wieder einmal und seufzten
schwiegen und seufzten
Und eins vor zwölf
die Bombe
die Lösung
befriedete alles und schreckte ab
befriedete und schreckte ab
und die Vorwarnzeiten kürzer
das Korrigieren eines Irrtums unmöglich
unmöglich
und Stille trat ein
und alles schwieg
und das Ticken der Uhr ganz laut
und Gott wandte sich ab
wandte sich ab
und sagte kein Wort

Ω

Ich war im Kreißsaal
und habe gesehen
wie meine Kinder geboren wurden
Ich hätte vor Freude weinen mögen
und habe doch nie
so deutlich gefühlt
dass ich sterben werden

Sie haben unsere Musik
zu der ihren gemacht
Töne verflacht
Missklänge beseitigt
den Spieß herumgedreht
und uns geschlagen
ganz allmählich
in Formen gepresst
So war es einst
und kaum merklich
haben sie
alles wieder
ins Lot gebracht
ihr Lot
verkommerzialisiert
so wie sie es brauchten
Selbst die Worte
haben sie uns genommen
und so stehen wir da
können nicht mehr reden
nicht singen
uns nicht mehr
verständigen
sind isoliert

Man braucht ein ganzes Leben
um zu lernen
den einen Augenblick
anständig
zu sterben

Ω

Heimlich
über Nacht
war er entwischt
Als die Wärter am anderen Morgen
den Park betraten
war nur noch der Sockel da
Nichts deutete auf einen Diebstahl hin
Doch wenn man genauer hinsah
entdeckte man unter den Schaulustigen
ein weißes, marmornes Gesicht
dessen leblose Augen
gerade zu blinzeln anfingen

Heiß brannte die Sonne
und die Blätter der Birken
wiegten sich leise im Wind
Vorstadtgärten und grünblaue Berge
im Morgendunst
Rostbraune, hellrote, fleckige Dächer
blaue, rote, weiße und gelbe Blumen
blaue Augen und der Duft Deiner Haare
Straßen
asphaltbleich, trocken
staubschwanger, glühend
irgendwo ein Turm
betonhohl
blinde Augen tausendfach
und die Leere ist greifbar
Wie soll das zusammenpassen
Du
wie?

Nachdenklich
hatte er
die Handschuhe von der Wand
genommen
und sie angezogen
Er roch den herben Geruch des Leders
und hörte sie wieder schreien
schlag ihn, hau ihn zusammen
Blutverschmierte Gesichter
der Fall schwerer Körper
das Hochreißen seines Armes
wenn er siegte
Er holte mehrmals tief Luft
bevor er
seine Vergangenheit
an einen alten, rostigen Nagel
in seiner schäbigen Wohnung
zurückhängte

Manchmal
traf ihn plötzlich
ein Hauch von Freiheit
und er spürte
wie das war
wenn man sich alles traute
wenn man alles
wirklich alles
tun und lassen konnte
und wie gut das tat
unbeschwert zu atmen
Aber das war
Gott sei Dank
nur
manchmal

Ω

Stolze
unnahbare Vögel
in einer weißen Leere
und der schwarze Tiger
verschwindet
mit eingekniffenem Schwanz
demütig
kriecherisch
in den Tod

Hoch droben stand er
sah aufs Meer
Gischtweiß
Tiefblau
Das Haar vom Wind zerzaust
so kalt
und stark
und kupferrot
verblasste auch die Straßen hin zum
Horizont
und Sterne funkelten golden
Geräusche erstickten
verschluckt auch sein Schrei
vom Meer
vom großen Meer
das endlich einmal
schlafen will

Abends ins Bett – Gute Nacht
raschel – raschel
schnarch – schnarch
Morgens Wecker
piep – piep
brumm – brumm
Waschen
klatsch
abtrockenen
rubbel – rubbel
Zähne putzen
schrub – schrub
Rasieren
kratz – kratz
Frühstücken
kau – kau
schlürf – schlürf
Aufstehen
Küsschen – Küsschen
Auto
brumm – brumm
Sonnenstrahlen, blauer Himmel,
Erinnerungen
Wehmut
Geschäft
Scheiße
Guten Morgen guten Morgen
sich nicht unterkriegen lassen
auch nicht vom Chef

Job egal
Job nicht egal
Entschuldigung
Verpflichtungen, Frau, Kinder
Ranklotzen, ducken, Buckel krumm
Stellung verteidigen
wenigstens ein bisschen Selbstachtung
aufrecht – aufrecht
piep – piep
Feierabend
müde
Auto
brumm – brumm
Zigarette
Wohnungstür
Hund
schwanzwedeln
Frau
abgespannt
Ruhe
Streit
EIN JEDER HAT DAS RECHT AUF
RUHE
bäh – bäh
Spielen toben spazieren gehen
also gut
Endlich
Kinder
Bett
Ruhe
Für-sich-selber-da-sein

Zu müde
zu kaputt
geht einfach nicht
Scheiße
Fernseher an
glotz – glotz
fad – fad
Phantasie
wo?
Das ist das Leben
tatsächlich?
Ins Bett gehen
Frau
Zärtlichkeit, Kraft, Verlangen
Probleme, Abweisung, Leere
Verzweiflung
irgendwann Schlaf
schnarch – schnarch
So ist das Leben
tatsächlich?

I hätt der gern übers Hoor gschtriche
nur so
und weil de mer
s Herz
von nem Mensch
gschenkt hosch
der leidet
wi i
I hons net due
weils sich net ghert
angeblich
Aber während I glese hob
bisch nebe mer gsesse
und hosch di gfreit
über mei Freid
und hosch gwißt
dass I fascht heul
über so en Schmerz
und doch reicher werd dabei
I hätt der gern übers Hoor gschtriche

Das Brummen des Weckers
das Plätschern des Wassers
und Kratzen der scharfen Klinge auf
meiner Haut
die kühle Luft
die Fahrt
durch ein geisterhaftes
mondbegleißtes Land
Das warme Zimmer
und Du
die Du von Wärme
und Sehnsucht erzähltest
von Liebe
und doch nur von Einsamkeit
und währenddessen
hing sanft eingerahmt
Unendlichkeit
an Deiner Wand
Der Mond orange
die kahlen Äste eines Baumes
und Weite
so groß
hoffnungsdämmernd
warm
Ich hob das Bild
und da
war nur die kahle
weiße Wand
nicht mehr

Kinder
sind nicht gut
nicht böse
nur
die Dummen
die sind sie immer
Sie sind die Dummen
bei den Problemen
ihrer Eltern
die Leidtragenden
der Kriege
Sie büßen
die Schuld der Erziehung
zerbrechen an den Härten des Systems
und leiden
mit ihren großen Augen
den großen Herzen
und ihren kleinen, zarten Körpern und
Seelen
Kinder

Ich stelle mir vor:
Ich habe meine Träume verloren
Es fiel mir nicht auf
es gab keinen großen Knall
die Erde
hat sich nicht aufgetan
und sie verschluckt
Arbeit ohne Gebet
zu erledigende Dinge
ohne Tun
labora ohne ora
immer wieder
und Sorgen
vor allem die
haben einen immer dichteren Schleier
davor gespannt
und
ich habe sie vergessen
aufgehört an sie zu glauben
Erst gestern
bin ich aufgewacht
So lange
so dumm
so angepasst
voll von fremden Dingen
die
je mehr angehäuft
doch nur belasten
immer schwerer

mein Leben vertan
mit dem Unterhalt
sinnloser Dinge
und meine Träume vergessen
Erst gestern
bin ich aufgewacht

Ω

1989 wurde in Freiburg das Park and Ride System eingeführt, um die Innenstadt von den Autos zu befreien. Hier mein Beitrag dazu:

Park and Ride
there is a horse
for everyone
on the place your park of course
That promises you
Jürgen Haltung
chief of the stable
in the Stadtverwaltung
A question to you
my Verehrter
where is by the horse
the Fahrscheinentwerter?
The air keeps clean
that's the effect
Park and Ride
a good concept!

Satiren

**Lebensweisheiten für Fortgeschrittene
... oder die Kunst, King Kong wieder in
den Urwald zu schicken.**
Was gibt es Schöneres, als nach . einem
anstrengenden Tag gemütlich in der
heißen Wanne zu liegen und mal richtig /u
entspannen. Eines wissen Sie genau:
Nichts und niemand kann Ihnen dieses
Vergnügen nehmen! Die Gedanken
entschwinden in luftige Gefilde, Ihr Körper
ist in vorgeburtlicher Seligkeit bis *zur*
Nasenspitze in wohlriechenden Schaum
gehüllt. Ruhe und Frieden, bis... ja bis Sie
sich seltsamerweise wie Neptun gewaltig
rauschend, ohne eigenen Willen — aus
den Fluten erheben, um zum Telefon zu
rennen.
Noch bevor Sie den Hörer abnehmen,
durchzuckt Sie vielleicht noch ein
Gedanke wie: „Musste das denn sein,
warum bist du nicht liegengeblieben, das
letzte Mal war's das Finanzamt..."
Doch seltsamerweise scheinen Sie auf
das Klingeln cinesTelelons nur eine
Reaktion zu haben: Alles stehen und

liegenzulassen und den Hörer abzunehmen. Doch keine Bange, das ist völlig normal. Sabbert nicht der Pawlowsche Hund, wenn das Glöckchen ertönt? Läuft nicht auch ein Küken allem hinterher, was sich bewegt, wenn es aus dem Ei geschlüpft ist? Pfeift nicht der Kanarienvogel, wenn wir drei Tage lang vergessen haben, ihn zu füttern?

Wir sind erreichbar! Das Leben kann sich nicht unbemerkt an uns vorbeistehlen! Wir haben alles im Griff— außer dem Sabbern bei Glöckchen, dem Hintcrher-rennen von allem,was sich bewegt und dem Pfeifen, wenn wir drei Tage lang nichts zu Essen kriegen. Aber das ist, wie bereits bemerkt, völlig normal. Leider bescheren uns die Instinktgrundlagen nicht nur das, wofür sie in grauer Urzeit einmal vorhanden waren, nämlich das sorgenfreie Überleben, und das Verpassen keines einzigen Telefonanrufes, nein manchmal können diese Dinge unsere Lebensqualität auch stark beeinträchtigen. Wir denken hier nicht etwa nur an Menschen, die mit der einen Hand telefonieren und mit der anderen vergeblich versuchen, um eine Kurve zu lenken, nein wir denken auch an uns, weil der, den wir jetzt am Hörer haben, Fred heißt, - und wirklich der Allerletzte ist, von dem wir angerufen werden möchten!!!

Nach den ersten belanglosen Einleitungssätzen kommt es wie es kommen muss: Er will sie wiedersehen! Sie wissen: Ein „heute nicht, vielleicht morgen", würde das Problem nur verschieben. Der ruft so lange an, bis Sie nur noch die Möglichkeit haben, Ihre natürliche Lebensgrundlage zu zerstören, indem Sie Ihr Telefon abmelden. Ach ja, eines wäre natürlich auch noch möglich, nämlich „nein" zu sagen.

Welch hässliches Wort! Wie schwer auszusprechen und — tut man denn so etwas, auf den Gefühlen anderer derart herumzutrampeln?

Mein Tipp: Statt abzulehnen, stimmen Sie begeistert zu! Es gibt nicht Schöneres für Sie, - der Traum Ihrer schlaflosen Nachte, -- allerdings...

Die Arzte spinnen ... Sie erinnern Fred, dass sie neulich mit Hans oder einem anderen Synonym in Afrika waren. Irgend-etwas haben sie sich dort cingefangen ...

Aber warum bitte soll man bei Verdacht auf Ebola oder Immola oder wie das heißt, die Wohnung nicht verlassen?

Dass Hans sich angesteckt hat, war tragisch genug. Na gut, Ihnen ist ein wenig schlecht, aber das Fieber ist bereits auf 38,8 zurück und das Furunkel hat auch nur noch wenige Zentimeter, Überhaupt erstaunlich, wie ein dermaßen knallhartes Ding so weich werden kann! Heute Abend haben sie Zeit. Noch ein bisschen Penicillin. 19 Uhr. Ob er Sie wohl abholen kann?

Fred, oder wie auch immer er heißen mag, hat natürlich gerade heute Abend keine Zeit, sehr bedauerlich. Nächste Woche vielleicht, er wird sich wieder melden.

Sie verabschieden sich, da Fred plötzlich noch etwas sehr dringendes erledigen muss, legen sich in die Badewanne, lassen das heiße Wasser nachlaufen und genießen Ihr Leben.

Erstaunlich, Fred hat sich seitdem nie wieder gemeldet.

Tanz-, Musikjournal Freiburg **11/12/99**

**Lebensweisheiten für Fortgeschrittene
Teil 2 oder**...
Unser Tipp gegen den Feiertagsfrust

Die Feiertage nahen, das
Jahrtausendereignis...

Und seien wir mal ehrlich, - das ist nicht
nur angenehm.

Konnten wir uns bisher den
Anforderungen der Kinder und der
Ehefrau noch durch die tägliche Flucht zur
Arbeit und Überstunden (lächel) erwehren,
droht nun die völlige Ausweglosigkeit.

Gefangen in 80 m² müssen wir uns Dinge
wie: "mir ist langweilig, Psycho haben wir
schon dreimal angeschaut, wann fährst du
endlich in die Videothek und holst den
Kettensägenmörder Teil III..." anhören.

Auch ihre Lebensgefährtin will sie nun, als
pädagogische Maßnahme sozusagen, ins
Familienleben integrieren.

Bald wünschen sie sich, in ein fernes
Land geflohen zu sein, wo man noch
anständig nach vernünftigem Essen, nach
deutscher Ordnung oder ähnlichem rufen
kann. (versuchen sie das mal Zuhause!)

Abwasch ist langweilig, das Nölen der Gören und die ständige Berieselung durch MTV oder Viva ätzend. Eheprobleme diskutieren bedeutet auch nur längst gekanntes der letzten 10 Jahre aufzuwärmen. Die Feiertage beginnen, nicht zuletzt auch wegen der vielen Wiederholungen im Fernsehen langweilig und zur Qual zu werden. (Von Besuchen der Verwandten wollen wir erst gar nicht reden!)

Unser Tipp:
Das muss nicht sein. Pünktlich zum Jahrtausendwechsel bringt die Firma Havenspurger eine neue Serie von Spielen auf den Markt, von denen ihnen das *Tanz und Musikjournal* nun stellvertretend eines vorstellen möchte.

Der Spielbeginn ist denkbar einfach, also auch für Anfänger geeignet. Wahlweise die Ehefrau, oder der Ehemann (selbstverständlich braucht man nicht verheiratet zu sein!) sagen:

Liebling, lass uns was unternehmen.
Ehemann (EM): Ja, prima Idee
Ehefrau (EF): Was sollen wir machen?
EM: Also das letzte mal hab ich, - sag du

mal.
EF: Ach ich weiß nicht...
EM: Nun streng dich mal an!
EF: <u>Immer</u> muß ich und <u>nie</u> kommt von dir was!
EM: das letzte mal...
EF: (spöttisch) vor 30 Jahren...

Um die ganze Geschichte etwas voranzutreiben, bietet die Firma Havensperger nun sogenannte "Verschärfungskarten" an, die sich an besonders gekennzeichneten Stellen einsetzen lassen.

Verschärfungskarte:
EM: So alt bist Du schon?
EF: Du mußt gerade was sagen, schau dich doch mal an!

(Auch hier könnte eine Verschärfungskarte gezogen werden) Das *Tanz- und Musikjournal* spielt "normal" weiter.

EM: Wir wollten doch was unternehmen.
EF: Wie wärs mit Kino?
EM: Super, was für ein Film?
EF: Eine Nacht in Venedig?
EM: Zu kitschig.
EF: Die doppelten Zwillinge?

EM: Zu brutal.
EF: Pretty Clounman?
EM: Nur was für Frauen
Usw.
EF (schließlich) Du bist einfach gegen
alles!
EM: Es muß ja nicht Kino sein.
EF: genau.
EM: Was sollen wir dann tun?
EF: Ich weiß nicht, sag du mal...
EM: Ich hab das letzte mal...
EF: Laß uns zu meinen Eltern gehen.
EM: Der Tag ist schon mies genug!

(Wir ziehen eine Verschärfungskarte)

EF: Wie meinst du das?
EM: So wie ich das sage.
EF: Hast du irgendetwas an mir
auszusetzen?

(Wir wagen es noch eine
Verschärfungskarte zu ziehen)

EM: Wenn ich damit anfange sind wir
morgen noch nicht fertig.
EF(drohend) So!?

usw.

Ein langweiliger Nachmittag wird so durch
die Havensperger Spiele ein echtes
Ereignis.
Emotionen, Türen werden geknallt, "ich
laß mich von dir scheiden", die nervigen
Gören verziehen sich, der Fernseher ist
endlich frei für Fußball, das Schluchzen
aus dem Nebenzimmer läßt sich mit der
Lautstärke regeln. Endlich Ruhe und
Frieden.
Durch Havensperger bekommt der Begriff
"stille Nacht, heilige Nacht auch für sie
wieder Bedeutung.

€ 56,80 im Verlag Ehe + Glück.

Weitere Spiele:

      Das soll eine Suppe sein?
      Steh auf und mach Kaffee

Oder wenn ihr Mann unter aller
Anstrengung vor dem Spiegel steht und
die Luft   herauspreßt:: Liebling zieh
doch mal den Bauch ein....
(getestet von Arno Meier)

Onra Reiem im Gespräch mit dem Autor des Buches: "Ich fahre auch durch Rosengärten", Rainer von Nocken-Welle

Reiem: Wir begrüßen Herrn Rainer von Nocken-Welle in der Redaktion des Tanz- und Musikjournals.

Von Nocken-Welle: Guten Tag.

Reiem: Herr von Nocken-Welle. In ihrem neuesten Buch "Ich fahre auch durch Rosengärten haben Sie einen ungewöhnlichen Versuch unternommen.

Von Nocken-Welle: Einen gefährlichen lieber Herr Reiem, einen gefährlichen.

Onra Reiem: Nun ja, sagen wir gefährlich und ungewöhnlich?

Von Nocken-Welle: Gefährlich, ungewöhnlich und weltvernichtend.

Onra Reiem: Gut, gut Herr von Nocken-Welle: gefährlich, ungewöhnlich und weltvernichtend.

Von Nocken-Welle: Selbstmörderisch...

Onra Reiem: Herr von Nocken-Welle, von mir aus auch das noch. Herr Nocken-Welle, wie sind Sie auf die Idee gekommen einer Population von Pavianen in Neuguinea das Autofahren beizubringen?

Von Nocken-Welle: Nun, ich habe da so eine Sendung im Fernsehen gesehen...

Onra Reiem: Aha.

Von Nocken-Welle: Da haben Schimpansen gelernt einen Turm zu bauen um an eine Banane heranzukommen...

Onra Reiem: Ist ja hochinteressant.

Von Nocken-Welle: Gell.

Onra Reiem: Und wie weiter?

Von Nocken-Welle: Ich dachte mir, wenn die für Bananen alles machen, dann kriege ich sie auch dazu Auto zu fahren.

Onra Reiem: Ein völlig abwegiger Gedanke!

Von Nocken-Welle: Wieso?

Onra Reiem: Weil Autofahren nicht zu den natürlichen Fortbewegungsmitteln von Affen gehört!

Von Nocken-Welle: Jetzt schon.

Onra Reiem: Was?

Von Nocken-Welle: Sie sollten mal nach Neuguinea fliegen, lieber Reiem, da geht die Post ab. Seit ich denen beigebracht habe, wie man mit Motorsägen Schneisen in den Wald schlägt, kommen die Bananentransporter ungehindert voran.

Onra Reiem: Um Himmels Willen!

Von Nocken-Welle: Keine Sorge. Die Regierung hat alles unter Kontrolle. In der Zwischenzeit müssen nur noch fünf oder sechs Affen eingefangen werden, die wild herumsägen. Aber irgendwann geht denen das Benzin aus, - obwohl...

Onra Reiem: Obwohl was, Herr von Nocken-Welle?

Von Nocken-Welle: Die müssen wohl aufgrund ihres außergewöhnlichen Geruchssinnes mitbekommen haben, daß die Dinger mit Erdöl laufen. Jetzt buddeln die überall Löcher.

Onra Reiem: Das ist ja katastrophal!

Von Nocken-Welle: Illegal lieber Reiem, illegal.

Onra Reiem: Wieso das?

Von Nocken-Welle: Wegen der Steuern.

Onra Reiem: Ach so ja.

Von Nocken-Welle: Aber ich denke, wir fangen am besten von vorne an?

Onra Reiem: Ja bitte Herr von Nocken-Welle.

Von Nocken-Welle: Also, nachdem ich mich mit dem Boß der Herde angefreundet hatte, war ich voll akzeptiert. Jetzt mußte ich sie nur noch dazu bringen, in eine extra mitgebrachtes Gocart zu steigen.

Onra Reiem: Aha.

Von Nocken-Welle: Das war ganz einfach. Affen machen alles nach.

Onra Reiem: So so.

Von Nocken-Welle: Die ersten Versuche waren fürchterlich!

Onra Reiem: Das kann ich mir vorstellen.

Von Nocken-Welle: Aber die lernen schnell. Allerdings gab es ein Riesenproblem.

Onra Reiem: Welches?

Von Nocken-Welle: plötzlich wollten alle.

Onra Reiem: Das ist verständlich.

Von Nocken-Welle: gell.

Onra Reiem: Wie haben Sie das Problem gelöst?

Von Nocken-Welle: Durch etwa 50 Gocarts. Das war notwendig um die Schlägereien zu unterbinden.

Onra Reiem: So schlimm?

Von Nocken-Welle: Sie können sich das gar nicht vorstellen.

Onra Reiem: Da haben Sie recht. Damit wir uns richtig verstehen: Sie haben für jeden Affen der Population?

Von Nocken-Welle: Genau.

Onra Reiem: Das muss ja ein fürchterliches Chaos gewesen sein!

Von Nocken-Welle: Und ob. Vor allem, weil ich mit den Gebräuchen von Pavianen noch nicht so recht vertraut war.

Onra Reiem: Wie das?

Von Nocken-Welle: Also, wenn ein Pavian in das Gebiet eines anderen eindringt, dann zeigt ihm der Bedrängte, quasi als Warnsignal seinen roten Hintern. Das ist ein Zeichen von Macht. Fuhr also ein Pavian dem anderen zu dicht auf, kletterte der auf den Fahrersitz und zeigt ihm sein rotes Hinterteil.

Onra Reiem: Interessant.

Von Nocken-Welle: Gell.

Onra Reiem: Und wie weiter?

Von Nocken-Welle: Nun, während er auf dem Sitz stand, konnte er nicht lenken.

Onra Reiem: Klar.

Von Nocken-Welle: Es gab fürchterliche Unfälle.

Onra Reiem: Das kann ich mir denken. Aber Sie haben das Problem sicher gelöst?

Von Nocken-Welle: Natürlich.

Onra Reiem: Und wie?

Von Nocken-Welle: Nun, durch rote Lichter auf der Rückseite.

Onra Reiem: Kommt mir bekannt vor.

Von Nocken-Welle: Die Paviane begriffen schnell, daß der Effekt der roten Lichter derselbe ist und vor allem sicherer, statt auf die Sitze zu klettern und...

Onra Reiem: Ja, ja, ich verstehe schon.

Von Nocken-Welle: Mit der Gegenreaktion der Eindringlinge gab es allerdings das nächste Problem.

Onra Reiem: (seufzt) Ah ja?

Von Nocken-Welle: Die Eindringlinge, oder die, denen das Warnsignal egal war, reagierten ihrerseits. Sie kletterten auf die vordere Stoßstange und schlenkerten ihren Penis, - auch das ist bei Affen ein Zeichen von Macht.

Onra Reiem: Und?

Von Nocken-Welle: Das die auch nicht mehr lenken konnten, gab es noch immer viele Unfälle.

Onra Reiem: Klar.

Von Nocken-Welle: Da stellte ich fest, daß man durch schwenkbare Taschenlampen auf der Vorderseite den gleichen Effekt erzielen konnte.

Onra Reiem: Sie wollen mir also weismachen, daß bei zu dichtem Auffahren die Paviane, quasi symbolisch ihren roten Hintern zeigten und die anderen, sozusagen symbolisch ihren... wenn sie sich nicht beeindrucken lassen wollten?

Von Nocken-Welle: Genau. Den Effekt
konnte ich sogar noch verstärken wenn
die Taschenlampen aufblitzten.

Onra Reiem: Nun gut nun gut Herr von
Nocken-Welle. Kann ich mir das so
vorstellen, daß da draußen im Urwald...

Von Nocken-Welle: Wieso Urwald?

Onra Reiem: Nu Sie sagten doch zu
Beginn, Sie hätten einer Pavianpopulation
im Urwald...

Von Nocken-Welle: Sie vergessen die
Motorsägen...

Onra Reiem: Ach so ja, natürlich.
Formulieren wir es so: daß da wo noch vor
ein paar Wochen Urwald war, jetzt 50
Gocarts mit Affen, die symbolisch rote
Hintern und schlenkernde Penisse zeigen
herumknattern?

Von Nocken-Welle: Viel mehr!

Onra Reiem: Ach ja?

Von Nocken-Welle: Die
Nachbarpopulation bekam natürlich
schnell Wind von der Sache.

Onra Reiem: Natürlich.

Von Nocken-Welle: und um Krieg zu
vermeiden...

Onra Reiem: Selbstverständlich.

Von Nocken-Welle: Außerdem hatten die
ja keine Bäume mehr...

Onra Reiem: Die Motorsägen?

Von Nocken-Welle: Exakt.

Onra Reiem: Herr von Nocken-Welle. Sie
entschuldigen mich, aber ich glaube mir
wird schlecht...

Herstellung und Verlag:
BoD - Books on Demand, Norderstedt
ISBN 978-3-8391-9144-6